Inhalt

Kollaborierende Roboter - Mensch und Roboter arbeiten im Team

Kernthesen

Beitrag

Fallbeispiele

Weiterführende Literatur

Impressum

Kollaborierende Roboter - Mensch und Roboter arbeiten im Team

Anja Schlatt

Kernthesen

- Die Robotik erzielt weltweit ein Rekordabsatzwachstum in 2011 und sichert Wettbewerbsvorteile in vielen Branchen.
- Dabei arbeiten bislang Industrieroboter meist räumlich getrennt vom Menschen in separaten Zellen.
- Der Trend zur direkten Mensch-Roboter-Kollaboration - sozusagen im Team - ermöglicht eine flexible Aufgabenteilung zwischen manueller und roboterunterstützter Fertigung und eröffnet

neue Rationalisierungsperspektiven.
- Die Zusammenarbeit von Mensch und Roboter in einem Raum erfordert ein grundlegendes Umdenken beim Thema Arbeitssicherheit.
- Der zunehmende Einsatz von autonom agierenden Industrie- und Servicerobotern wirft vielfältige juristische Fragestellungen auf, wie zum Beispiel nach der Haftung bei Personen- oder Sachschäden durch Fehlfunktionen.

Beitrag

Robotik stößt zunehmend in General Industry vor

Die Robotik-Branche boomt und hat im vergangenen Jahr das Rekordergebnis der letzten fünfzig Jahre erzielt: 2011 wurden weltweit 165 000 Industrieroboter verkauft, was einem Wachstum gegenüber Vorjahr von 37 Prozent entspricht. Zielsetzung der Hersteller ist es, zunehmend auch Märkte außerhalb der Automobilindustrie (General Industry) für die Robotik zu erobern durch Entwicklung von einfachen, mit intuitiver Bedienoberfläche ausgestatteten

Automatisierungslösungen. Große Marktpotenziale für die Automatisierung von Produktion und Verpackung liegen beispielsweise in der Lebensmittels-, Pharma- oder Medizintechnikindustrie. Sogar mittelständische Unternehmen und kleinere Betriebe wissen inzwischen die Einsatzmöglichkeiten und die resultierenden Wettbewerbsvorteile zu schätzen. (1), (2), (3), (4), (5), (6)

Variable Aufgabenteilung zwischen Mensch und Roboter auf dem Vormarsch

In der industriellen Fertigung eingesetzte Roboter arbeiten heute noch überwiegend in speziellen Zellen und räumlich getrennt von Menschen, um Unfälle zu verhindern und den notwendigen Arbeitsschutz zu gewährleisten. Nur zu Umrüstungs- und Wartungsarbeiten dürfen sich Personen den Robotern nähern. Zukünftig werden diese Schutzzäune allerdings fallen müssen, sogenannte kollaborierende Roboter sind auf dem Vormarsch. Um dem steigenden Bedarf nach Automatisierungslösungen mit hoher Flexibilität für neue Einsatzgebiete gerecht zu werden, geht der Forschungs- und Entwicklungstrend in der

Robotertechnik dahin, dass in der Fabrik der Zukunft eine Zusammenarbeit von Mensch und Roboter ohne Absperrungen und Schutzvorrichtungen in einem Raum ermöglicht wird. Zielsetzung ist es, die Aufgabenteilung zwischen Mensch und Roboter je nach Auftragslage, Arbeitsschritten und -erfordernissen zu optimieren und zu rationalisieren. Die besonderen Fähigkeiten des Roboters wie Kraft und ermüdungsfreie Ausdauer werden zukünftig vermehrt kombiniert mit den kognitiven Fähigkeiten der Menschen zur Wahrnehmung, Situationseinschätzung und spontanen Entscheidung. Die Potenziale und Fähigkeiten von Mensch und Maschine lassen sich in dieser Form optimal für eine wirklich flexible Fertigung nach Markterfordernissen nutzen. Arbeitsschritte, deren vollautomatisierte Durchführung zu komplex oder zu kostenintensiv ist, können in Teilen rationalisiert werden. Über eine neue Form von Teamarbeit zwischen Mensch und Roboter werden Unternehmen in die Lage versetzt, flexibel zwischen manueller und robotergestützter Fertigung zu wählen. (7), (8), (9)

Sicherheitsnorm für Mensch-Roboter-Kollaboration

Voraussetzungen zur Realisierung einer entsprechenden Mensch-Roboter-Kollaboration, also einer direkten Zusammenarbeit von Personen und Robotern in einem Raum ohne Trennung durch Schutzvorrichtungen, sind neben einer hochentwickelten Sensorik und Steuerungstechnik insbesondere die Einhaltung von besonderen Sicherheitsanforderungen für Roboter. Diese sind geregelt in der Norm DIN EN ISO 10218-1, seit einigen Monaten ergänzt um Teil 2, dessen Fokus auf die Sicherheit der gesamten Roboteranlage liegt. Darüber hinaus wird derzeit an einer weiteren technischen Spezifikation (TS 15066) gearbeitet, die eine Anleitung zur Gefährdungsbeurteilung für die Mensch-Roboter-Kollaboration beinhalten soll. (8), (10), (11)

Nach Normung für Industrieroboter lassen sich vier Arten der Mensch-Roboter-Kollaboration differenzieren:

1. Der Roboter stoppt bei Zutritt eines Menschen in den Kollaborationsraum.
2. Der Roboter wird mittels eines Griffes direkt vom Menschen geführt.
3. Zwischen Roboter und Mensch muss ein Mindestabstand eingehalten werden, bei dessen Unterschreitung der Roboter stoppt.
4. Die im Roboter gespeicherte Energie und ausgeübte Kraft werden beschränkt, um das Gefährdungspotenzial für den Menschen in einem akzeptablen Rahmen zu halten. (10)

Neue Anforderungen an Arbeitssicherheit und Unfallschutz

Waren früher die sicherheitstechnischen Bestimmungen darauf ausgerichtet, den Arbeitsraum für Roboter von dem der Mitarbeiter zu trennen und die Kollision mit anderen Maschinen und Anlagen zu vermeiden, müssen heute und zukünftig Regelungen getroffen werden, um die direkte Kooperation mit dem Menschen gefahrlos zu ermöglichen. Wenn sich Menschen und Roboter in einem Arbeitsraum bewegen, verändert sich ihre Umgebung und Mensch und Maschine sollten entsprechend reagieren. So können beispielsweise Überwachungskameras die Roboter dabei unterstützen, Menschen in ihrer direkten Umgebung wahrzunehmen, Abstandssensoren können Ausweichmanöver oder Stopps auslösen, um den Kontakt mit dem Menschen zu vermeiden. Verletzungen durch Aufprall, Stoß und Scherbewegungen sind ebenso auszuschließen wie andere Gefährdungen, die von sich bewegenden Roboterkörpern und -werkzeugen oder Werkstücken ausgehen. Im Deutschen Zentrum für Luft- und Raumfahrt (DLR) in Wessling wurden daher biomechanisch/medizinische Untersuchungen von Verletzungen durchgeführt, um einen Crashtest für

Roboter zu entwickeln. Auch das Institut für Arbeitsschutz (IFA) beschäftigt sich seit einiger Zeit mit kollaborierenden Robotern und untersucht wie der Mensch auf den sogenannten Blechkameraden reagiert, der ihm beispielsweise Teile heranreicht. Fragestellungen wie etwa, mit welcher Geschwindigkeit sich ein Roboter bewegen darf ohne seine Kollegen zu erschrecken oder ob die maschinellen Bewegungen denen eines menschlichen Bewegungsablaufs entsprechen sollten, um berechenbar zu sein, werden dort untersucht. Letztlich sind Hersteller, Arbeitsschutz und Unfallforschung gemeinsam gefordert, die Gefahren möglicher Verletzungen zu minimieren und die Ergonomie der Roboter noch weiter zu verbessern. (5), (7), (11), (12)

Rechtliche Aspekte rücken in den Fokus

Mit dem zunehmenden Einsatz von Robotern rücken auch die damit verbundenen rechtlichen Aspekte immer mehr in den Fokus. Fragen der zivil- und strafrechtlichen Haftung für von Robotern verursachte Schäden an Personen und Sachen drängen sich ebenso auf wie der Bedarf an gesetzlichen Sicherheitsregelungen. Abhängig vom jeweiligen Einsatzbereich des agierenden Roboters können zudem Fragen des Versicherungsrechts, des Datenschutzes oder des Straßenverkehrsrechts berührt sein. Dass die Rechtsprechung auf die rasanten Entwicklungen in der Robotik hinreichend vorbereitet ist, wird bezweifelt. Die unklare Rechtslage wirkt derzeit nach Ansicht von Experten eher als Innovationsbremse. (13), (14), (15)

Aus diesem Grunde wurde an der Universität Würzburg unter der Leitung von Professor Dr. Eric Hilgendorf eine Forschungsstelle Robotrecht gegründet, die sich mit der Klärung eben dieser juristischen Fragestellungen rund um den Einsatz von autonom handelnden Systemen oder Maschinen beschäftigt. Möglichkeiten und Probleme der Anwendbarkeit des bestehenden Rechts müssen ebenso erörtert werden wie die Notwendigkeit oder die Ausgestaltung von neuen Regelungen. (16), (17), (18)

Trends

Trotz steigender Anforderungen bezüglich Bedienbarkeit und Intelligenz der Roboter wird erwartet, dass die Kosten der kommenden Robotergeneration sinken werden. Möglicherweise lässt sich dadurch der Trend zur Produktionsverlagerung ins Ausland sogar stoppen. Die variable Aufgabenteilung zwischen Mensch und

Roboter wird auf jeden Fall die Rolle des Menschen in der Produktion nachhaltig verändern und geringer qualifizierte Arbeitsplätze weiter reduzieren. (1)

Fallbeispiele

Kamerasystem SafetyEYE überwacht Gefahrenbereiche

Der Automatisierungsexperte Pilz GmbH & Co. KG präsentiert auf der Hannovermesse einen Schwerlastroboter, den ein Mensch ohne technische Hilfsmittel allein mittels Armbewegung steuern und dabei jederzeit risikolos an das Werkstück herantreten kann. Anstelle von Schutzzäunen gewährleistet SafetyEYE, ein Kamerasystem zur 3-D-Raumüberwachung, die Sicherheit des Bedieners. Wenn durch eine Roboterbewegung Gefahr entsteht, verlangsamt das System die Bewegung des Roboters oder veranlasst notfalls sofort einen Systemstopp. Pilz wurde mit mehreren Awards ausgezeichnet, unter anderem mit dem Deutschen Arbeitsschutzpreis sowie von der International Society of Automation (ISA) und den Deutsch-Amerikanischen Handelskammern (AHK). (19), (20)

Sicherheits-Funktionspaket für Kleinroboter der MRK-Systeme GmbH

Die SafeInteraction Funktionspaket der MRK-Systeme GmbH (Augsburg) bietet für den Kleinroboter KR 5 ARC HW eine Option, um den Roboterbetrieb in direktem Kontakt zum Menschen zu erlauben. Folgende Leistungsmerkmale sorgen für die Sicherheit: Kontrolle der Roboterbewegung hinsichtlich des berechtigten Arbeitsraumes und der Geschwindigkeit, Schaumstoffschutzhülle rund um den Roboter mit Näherungssensoren, die die Geschwindigkeit des Roboters bei Annäherung von Personen verlangsamen, Auslösung eines Stopps bei direktem Kontakt durch taktile Schaltelemente sowie Absicherung des Werkzeugs durch einen lösbaren Zwischenflansch. (21), (22)

Weiterführende Literatur

(1) Roboter steigern die Produktivität Künstliche Produktionshelfer machen weniger Fehler
aus mav maschinen anlagen verfahren, Heft 5, 2012, S. 96

(2) IFR Die weltweite Roboterindustrie hat 2011 mit 37

% Wachstum ein Rekordergebnis für die Geschichtsbücher erreicht
aus MM Nr. 023 vom 04.06.2012

(3) Roboterindustrie verzeichnet Rekordwachstum
aus VDI NR. 22 VOM 01.06.2012 SEITE 9

(4) Roboter können mehr als Automobile fertigen
aus VDI NR. 22 VOM 01.06.2012 SEITE 8

(5) Rund um die Automation
aus VDI NR. 22 VOM 01.06.2012 SEITE 8

(6) Roboterhersteller setzen ihre Ziele nach Umsatzrekord für 2012 hinauf
aus VDI NR. 20 VOM 18.05.2012 SEITE 1

(7) Die Mensch-Roboter-Kooperation nimmt Gestalt an Perspektiven einer neuen Teamarbeit
aus elektro automation, Heft 0P1, 2012, S. 20

(8) Besser als der MenschTrends in der Robotik
aus elektro automation, Heft 0P1, 2012, S. 20

(9) Roboter nähern sich menschlichen Kollegen an
aus VDI NR. 20 VOM 18.05.2012 SEITE 9

(10) Neue Norm soll Sicherheit zwischen Mensch und Roboter gewährleisten
aus MM Nr. 35 vom 29.08.2011

(11) Automatica 2012 zeigt vielfältige Branchentrends Hand in Hand mit dem Roboter
aus elektro automation, Heft 0P1, 2012, S. 4

(12) Die Roboter kommen
aus DIE ZEIT, 19.01.2012 Nr. 04 Seite 029

(13) Wann steht der erste Roboter vor Gericht?
aus Zeit online vom 10.11.2011, Nr. 45

(14) Kleinigkeiten bringen Roboter aus dem Tritt
aus VDI NR. 21 VOM 25.05.2012 SEITE 5

(15) Roboter vor Gericht
aus DIE ZEIT, 19.01.2012 Nr. 04 Seite 031

(16) Wann muss der erste Roboter in den Knast?
aus Industrieanzeiger, Heft 33, 2011, S. 3

(17) Schuldfrage bleibt bei Robotereinsatz ungeklärt
aus Welt online vom 31.05.2012

(18) Wer haftet für Roboter?
aus "Die Furche" Nr. 22/2012 vom 31.05.2012 Seite: 22,23

(19) Sichere Automatisierung Sicherheit mit Mehrwert für alle Branchen
aus Der Betriebsleiter, Heft 04/2012, S. 23

(20) Kameraüberwachte Sicherheitszone Roboter ohne Schutzzaun
aus dei - die ernährungsindustrie, Heft 5, 2012, S. 20

(21) Direkter Kontakt zwischen Mensch und Roboter So sicher wie nie zuvor
aus elektro automation, Heft 0P1, 2012, S. 9

(22) MRK: Mensch-Roboter-Kooperation Fünf

Features für mehr Sicherheit
aus elektro automation, Heft 0P1, 2012, S. 8

Impressum

Kollaborierende Roboter - Mensch und Roboter arbeiten im Team

Bibliografische Information der deutschen Nationalbibliothek

Die Deutsche Nationalbibliothek verzeichnet diese Publikation in der deutschen Nationalbibliografie; detaillierte bibliografische Daten sind im Internet über http://dnb.d-nb.de abrufbar.

ISBN: 978-3-7379-1131-3

© 2015 GBI-Genios Deutsche Wirtschaftsdatenbank GmbH, Freischützstraße 96, 81927 München, www.genios.de

Alle Rechte vorbehalten. Dieses Werk ist einschließlich aller seiner Teile – z.B. Texte, Tabellen und Grafiken - urheberrechtlich geschützt. Jede Verwertung außerhalb der Grenzen des Urheberrechtsgesetzes bedarf der vorherigen Zustimmung des Verlags. Dies gilt insbesondere auch für auszugsweise Nachdrucke, fotomechanische Vervielfältigungen (Fotokopie/Mikroskopie), Übersetzungen, Auswertungen durch Datenbanken oder ähnliche Einrichtungen und die Einspeicherung und Verarbeitung in elektronischen Systemen.